El léxico de las piedras

María Dolores Almeyda

Aliarediciones

Corrección: Eladia Guerrero
Diseño de cubierta: Jaime Galisteo
Ref. imágenes: *AdobeStock*
Maquetación: Aliar Ediciones

Depósito Legal: GR 1792-2024
ISBN: 979-13-87590-29-1

Impreso en España

Edita
ALIAR Ediciones
www.aliarediciones.es
info@aliarediciones.es

El léxico de las piedras

María Dolores Almeyda

Prólogo

Dichoso el árbol que es apenas sensitivo,
y más la piedra dura, porque ésa ya no siente,
pues no hay dolor más grande que el dolor de ser vivo,
ni mayor pesadumbre que la vida consciente.

(*Lo fatal,* Rubén Darío)

Las piedras invisibles y eternas, compañeras de nuestros pasos, imperceptibles obstáculos para el caminante, esquivas y despiadadas a la suerte del lapidado, lacerantes en los rostros de los malditos. Compañeras silenciosas de la sangre de los asesinados entre los guijarros de las cunetas, que reclaman a gritos su memoria a través de la bandera roja de las amapolas. Piedras como testigos del pasado, escombros de la memoria, «caligrafía animal de la montaña», y que solo el corazón de los hombres ha podido transformarlas en inusitado lienzo donde atestiguar sus sentimientos, cincelar y eternizar dos nombres unidos con una flecha.

En *El léxico de las piedras*, M.ª Dolores Almeyda, Lola, ahonda en los sentimientos para escribir un poemario donde la soledad, el dolor, la melancolía, el desapego o la nostalgia se encuentran para conspirar contra la felicidad, los recuerdos, el calor de un beso o el tacto amable de una caricia.

Las piedras que se convierten en el centro del dolor, de la soledad, del paso del tiempo. Un tiempo intempestivo y violento que nos escarcha la sonrisa con el gélido viento de enero y es el lastre que nos hunde en lo más profundo de los recuerdos, en el doloroso abismo del olvido. El tiempo, un largo día, tan antiguo como las propias piedras, oscuro y frío, que se viste de tristeza y pesimismo y desata tormentas. Ese tiempo envejecido que no ha aprendido a acompañar nuestro destino ni sabe escuchar nuestros deseos de «sombra y de amor». La autora resiste a los años, al fantasma del olvido, aferrada a la levedad de esa forma de vida que pende de un hilo, del mágico «hilo de una araña».

En este libro la naturaleza —viva o inerte— y los hombres muestran su violencia en una mutua agresión sin pacto y por destino. La «estalactita humilde» se clava como una espada en el pecho y la noche se convierte en un traicionero puñal que nos abate por la espalda. El hombre responde a tal desafío horadando el vientre de la tierra para extraer sus riquezas.

La poesía como reflexión y los poetas como inspiración suelen estar presentes en la obra poética de Lola Almeyda. El libro comienza con el recuerdo a la recientemente desaparecida Julia

Uceda, en una alusión al paso del tiempo y la brevedad de la vida; y, para cerrar el círculo, termina con una referencia a la misma autora, quien después de leer el libro le dijo a Lola que este poemario en realidad eran dos: uno dedicado a las piedras y otro al árbol. En la áspera corteza de los árboles, como Machado en los álamos del amor de la ribera del Duero, dibuja iniciales de enamorados, que ocultan su amor tras el enigma de las letras. En los árboles también anida la nostalgia y en su piel volcamos los deseos de eternidad de aquello que escribimos.

Lola a veces conversa con esa mujer que siempre va con ella, aunque no espera hablar con Dios un día y por eso pregunta a León Felipe qué hacer con el libro, quien le aconseja:

> «Empieza por hablar de las piedras.
> Otro día hablarás de los árboles».

Y, como suele ser su práctica habitual, le gusta realizar un guiño a los poetas. A los románticos, como Bécquer, para dedicarle un poema, «Desde otro ángulo del salón». O dudando si en un fortuito encuentro, con a saber quién y dónde, acabará como Sabina, el poeta que escribe sus versos aferrado a una guitarra, propinando dos inesperados besos, uno por mejilla. Gabriel y Galán viene de la mano de su padre, quien le propició un viaje iniciático por la poesía a través de este autor.

A pesar del tiempo y la distancia, o tal vez por ellos, Lola tiene un recuerdo para otros miembros de su familia. La magia la sitúa en Canarias, allí donde suele encontrarse y compartir mar, luz y música con su hijo. Piensa que, si fuese su madre, ella no se querría; o no se «querrería», como le dijo en una ocasión su nieta, con esa divertida forma de condicional, sin saber que, incondicionalmente, su abuela la querría siempre.

En *El léxico de las piedras* el yo poético conversa con la naturaleza hostil, con las ausencias, con los recuerdos, con la propia poesía y con ella misma. Las interrogaciones retóricas se suceden casi en un orden natural. Metáforas desgarradoras describen un paisaje de rocas demolidas, explotaciones mineras promovidas por el afán de atesorar del hombre, «boca insaciable del hambre de los muertos». Imágenes sensoriales que juegan con la sinestesia, «No escucho la música. La veo». Paralelismos y anáforas propias de una lírica primigenia, en sorprendente contraste con el verso libre y estructuras encadenadas que producen una extraña desazón en el lector y una sucesión de personificaciones que dan vida y sentimientos a la naturaleza, al paisaje, a las rocas. Y, sobre todo, profundidad en sus palabras y esa curiosa relación de lo cotidiano y lo literario en el fondo y en la forma.

Si Lola me autoriza, yo querría rememorar un recuerdo. De pequeña, junto al río, en más de una ocasión, utilicé como lienzo unos de esos cantos de río planos y pulidos por la furia del agua y la respuesta de las rocas y la arena. Sobre él estampaba la inicial de mi nombre con la arista redondeada de otra piedra, quizás con la intención de dejar en la memoria inquebrantable de la piedra mi huella. Luego la lanzaba al centro del agua, al lugar que adivinaba más profundo, sin pensar en que el tiempo borraría mi rastro.

Pido permiso a la poeta para que deje latir, con la suficiente mesura, el corazón de las piedras que acompañaron sus pasos solitarios, que entorpecieron su camino cuando diluía sus pensamientos entre el azul del cielo y las nubes amenazantes cargadas de sueños. Pido a Lola, con la humilde licencia de prologuista que ella me ha concedido, que me permita arrojar una de esas piedras al fondo del lago trazando con ella hermosos círculos y, como una torpe imitación de Prometeo, dé vida a su dureza y consiga que sienta la dicha de sumergirse en el más profundo origen de la vida, liberada de la prisión de la soledad y la incomprensión. Y quizás entonces, y solo entonces, podremos saber «la distancia que hay entre los pies del puente y el corazón del agua».

En el mito de Deucalión y Pirra se narra la regeneración de la raza humana tras el exterminio que llevó a cabo Zeus con un diluvio, como castigo a su maldad: *La pareja encontró un altar semiderruido dedicado a la diosa Temis y se arrodilló ante él. Tras suplicar ayuda para regenerar a la raza humana la diosa les dijo: «Dejad mi altar. Cubrid vuestras cabezas con un velo, desceñíos los cinturones y arrojad detrás de vosotros los huesos de vuestra madre»... Deucalión tranquilizó a Pirra diciendo: «Si mi sagacidad no me engaña, nuestra gran madre es la Tierra, sus huesos son las piedras y estas son las que debemos arrojar tras nosotros».* Deucalión y su esposa Pirra sobreviven a la ira de Zeus y a su destructor diluvio y, obedeciendo al oráculo, consiguen no solo la renovación de la humanidad, sino restaurar la esperanza y la resistencia frente a la adversidad, demostrando que, frente a la ira de los dioses y el destino, el hombre puede superar los duelos más crueles con fe y determinación. Y si no fuera suficiente con eso, tendríamos que recurrir a la magia metapoética y transformadora que da vida y nombre a las rocas: Roca Niña, Roque Nublo; porque temo que, si no se obra un milagro, igual solo sobrevivirán los pájaros al amparo de los árboles.

Magdalena Romero

«Porque estamos de paso, como si no supiéramos
que hemos venido para un día, o menos».

Julia Uceda. *Escritos en las cortezas de los árboles*

«Así es mi vida, piedra,
como tú. Piedra pequeña; como tú,
piedra ligera; como tú,
canto que ruedas por las calzadas y por las veredas;
como tú...».

León Felipe

I

CALIGRAFÍA

Si miras con atención su fisonomía,
habrás aprendido todo cuanto hay que saber
del silencio hermético de la roca.
Estudia solo sus gestos, su trazado perfecto,
la caligrafía animal de la montaña
mientras tomas apuntes sobre el natural del agua
y de las cosas sencillas
que te asombran
y dibújalo con la punta del cuchillo
sobre la cartulina arrugada de los árboles.

II

QUERER NO ES PODER

Cuando lo haga,
sabré que he escrito el poema.

Cuando lo haga, que nadie se extrañe
ni me lo tenga en cuenta.

Aprendí a amar la poesía
como ama la piedra su pedrea disciplina.

Escribí desde que aprendí a despreciar
la ortografía y el perfil de las letras pequeñas.

Desde que perdí el pudor y dibujé tu nombre
con letras imperfectas en la áspera corteza de los árboles.

III

MAL DE POCOS

Nunca he escuchado el eco de mi voz.

Si acaso alguna vez he trazado un bosque con aristas,
he vislumbrado fuego donde solo quedaba un suelo ceniciento
y he provocado hielo queriendo apaciguar los girasoles.

Estamos hechos de piedra y de camino, ya lo dijo el poeta,
de la sangre reseca del vencido
y de la escaramuza verde de la hierba.

Somos,
si acaso somos algo, además de sudor,
de un rasgo desgajado de la estirpe,
seremos
la agonía que queda después de subir a ese calvario
eterno de la vida
con el jadeo temeroso de los condenados.

IV

PAISAJE

Miro a lo lejos la ondulante caligrafía del paisaje.

Es como un suave organdí movido por el viento,
un velo de perfiles que hilvana un baile sobre la arisca peña,
como el péndulo mortal de un hacha diestra
que cercena de un tajo la aturdida caída de la tarde.

La poderosa cerrazón del promontorio
concreta mi mirada contra su bloque mineral
escondido en la tierra, echado al monte,
tocando las intenciones de las nubes,
acariciando el vientre de los ángeles,
buscándole excusas simples a las piedras.

Ahora quisiera ser tan poderosa
como el tronco macizo que no lo mueve el viento
cuando se crece igual que un torbellino
posesivo y carnal, grave, iracundo,
la palabra que quiere contenerme entre los muros
que oprimen la piel de la madera
y es un pozo de nubes que mancho con mi aliento.

V

QUIEN ESTÉ LIBRE DE CULPA

¡Oh, Piedra!
Canto rodado de mi canto...

... nadie me ha sufrido tanto como tú.
Mas debería ser a la reversa
porque solo contra ti fueron mis llantos.

Aunque tú me dolieras
y yo fuese solo el instrumento
con el que darle la razón al refranero,
no seré yo quien ha de tirarte por la tierra.

(Solo la piedra tiene quien la arroje una primera vez.
Antes que a la mujer o a aquel que esté libre de culpa.
Ya quedó libre de daño el mensajero).

La piedra tiene su propio idioma y su gemido.
Y su eterno mañana, y sus poetas.

VI

CANTO IMBORRABLE

Estuve cuando no había nadie y esperé
porque sabía que al final llegaría la lluvia
y vendrían a refugiarse entre mis ramas,
bajo mis piedras rojas y pequeñas
y en el mundo que tejieron para ellas las arañas.

Estuve.
Todo permanece en el pasado.

No estaré:
cuando me apercibí de mis errores
ya no quedaban árboles
donde escribir mis cuentos
ni arena sobre la que dejar escritas
mis torpezas.

Solo el perfil quebrado
de tu nombre permanece grabado
en el molde imborrable de la cepa.

VII

AMOR CON AMOR SE PAGA

¿... Y dónde estaba yo antes de estar aquí,
antes de ser mi nombre y de saberme sombra,
desconocer mi rostro, de escalar a tu vientre
y sentir tu mirada de maestra peinándome las trenzas,
buscándome cobijo en tus raíces?
Antes de ser matriz, sospecha, quemadura en la piel del saurio
envejecido, antes de ser derrotada por la estatua,
el rastro de un dolor sin moradores,
la redondez plana e hiriente de la piedra...

¿Y qué hacer con este día tan largo y tan antiguo,
tan lejano del sol, de los jardines,
tan en busca de sombra como de amor quebrado,
con tanta poesía entre las manos
a la que no consigo darle melodía?
¿Qué hacer con este tiempo encanecido
al que cada día le cuesta más seguir mis pasos...?

... Cuando he querido saber ya no quedaban árboles
donde escribir los nombres de los días,
ni tierra donde sembrar la semilla del tiempo
que un día ha de volver para salvarnos.

VIII

SEMBRANDO VIENTO

Si hiciera un agujero en la tierra y lloviera,
se llenaría de agua.
A ese agujero lo llamaría pozo.

Si amara y dejase de amar,
diría que amé o crei haber estado enamorada,
porque el amor se estanca.

Y si fuese hacia la piedra y tropezara,
y preguntara qué hacía la piedra en mi camino,
sería la arrogancia de figurarme víctima y estatua.

Si quisiera saber más, indagaría
sobre el origen, la talla y la soberbia de la palabra
Albergue. Bosque. Pozo. Piedra.

Pero no quiero saber cuánto es debido a la impermeable
fractura de la greda. Ni ser ni comprender.
No perecer ni ser la huella. Ser Nada.
Ni siquiera el reguero que discurre holgazán
sin tropiezo ni dudas
como hilera de hormigas en el camino.

IX

MÁS VALE MAÑA

Entré sin precaución y sin cerrar los ojos,
me sostuvo el olor de la magnolia y me aferré al hilo de una araña
atado a la escalera para no caer y hacerme fuerte;
partí de una leve tentación,
usé la precaución de resistir el descaro del fantasma,
pero el olvido me miraba con cierto desafío
desde la oquedad de un árbol abatido de amor en su corteza.

X

A VECES ME PREGUNTO

¿Qué hacer con este día tan largo y tan antiguo,
tan lejano del sol y de los pájaros,
tan en busca de sombra como de amor perdido,
con tanta poesía entre las piedras
a la que no consigo extraer su música de charcas
y guijarros?

¿Qué hacer con este tiempo de abstinencia
al que cada día le cuesta más reconocer mi nombre,
ejecutar mis pasos de danza en la rivera?

¿Qué hacer con este martes de tedio y desvarío,
con estas manos frías desprovistas de magia
que no consiguen levantar la llama,
que ya no escucha el roce indiscreto del fantasma,
que no sabe escribir sus propios miedos?

Qué hacer con esta noche
clavada como un puñal sobre la espada...

XI

TAL VEZ LA LANZA

... Y dónde estaba yo antes de estar aquí,
antes de ser mi nombre y de saberme sombra,
de conocer mi rostro, de escalar las entrañas de tu vientre
y sentir tu mirada de maestra que me aconseja amar
mientras busca en los libros cómo enseñar
aquello que no siente.

... Y dónde estaba yo antes de ser la estaca
que le rompió a la vida su premura
con una punta mortal, como de lanza...

XII

DESDE OTRO ÁNGULO DEL SALÓN

Del salón, desde un ángulo oscuro,
se dejan ver los leños con los que luego,
cuando llega el invierno, calentamos la mesa de los sueños
y avivamos el pan que alimenta las manos y la boca.

Y jugamos al solitario con las cartas,
nos apostamos retos y quinielas y preguntamos
a ver quién sabe más de sobremesas crudas,
de atizar el hastío, de avivar el recuerdo de las brasas,

quién sabe de aquel silencio del salón en el ángulo oscuro
en la disimulada paz de aquella hoguera.

XIII

SERENO DE OFICIO

Nunca olvidarás la clave de mi puerta.
Si alguna vez pasara dejaré puesta la llave en la ranura,
para que solo con girar hacia cualquier poniente
tengas abierta la luz que te orienta a la vida.

Pero no creas que todo sucede tan deprisa.
Has de saber que mientras el tiempo ronda en tu ventana
más temo no ser yo quien sostenga la llave
para evitar que se cierre el oxidado torno de la poesía.

Y temo ser —si alguna vez he temido
ser otra cosa más flácida o más terca
que este último renglón sin ánimo o destreza,
sin voluntad, sin riesgo, sin papel donde escribir mi cuento—,

esta caducidad a flor de piel
camuflada en un dolor de adoquín sin etiquetas
que no sabrá encajar la llave en su hendidura.

Más que porción de olvido,
—temo ser—, no quien abra con sigilo la rendija.
Sí quien cierre de golpe la cancela.

XIV

COMO GALÁN ENVUELTO ENTRE LAS MANOS

Desarrollo el rito sin precaución alguna
como si fuese un hábito inviolable.
Le pongo atravesada la flecha al corazón,
y la intención, más tarde —y sin mala intención—
describe un nombre, un río, un refugio de signo repetido,
minuciosa voluntad de fragua, de canto de pilón,
sobre la dura corteza de los árboles.

Si yo fuese mi hada madrina dimitiría de mí,
me oigo decir sin importarme nada lo que digo,
como una cantinela, como si no mereciera ser amada.
Y si fuese mi madre, yo no me querría.
(No me *querrería,* que dijo Valentina aquella vez
que hablamos como abuela y nieta, como amigas).

Si yo fuese mi padre no me hubiese enseñado a amar la poesía.
Lo disculpo porque fue sin querer, solo por el hábito
de verlo con Gabriel, como Galán envuelto entre las manos.

XV

LA DUREZA DEL RISCO

También algunas piedras hablan con voz humana:

lanzadas como silbos cortando el aire,
dibujando círculos asombrados en el agua,
camufladas como polvo milagroso en una herida,
encajadas entre las suelas del zapato
y la torpeza del verbo que no escribo.

Escribir es la clave.
No permitir que la dureza del risco
se incruste en la vereda,
no admitir el olvido como compañero de viaje.
No entender de silencios,
hablar,
distribuir el verbo, el sonido, la voz, regarla por las calles
como un depurativo, como el catártico purificador
del que huye la muerte, y el Silencio —el rufián—,
huye por las fétidas aguas de los sumideros.

XVI

SOBREVIVIENTES

Cuando no hay nadie cerca
solo escucho a los pájaros que tengo en la cabeza
sobre el árbol, ocultos entre lo verde de las ramas.
Concierto de viento sin percusión
como lamentos alegres volando entre las nubes
alborotando el aire. Cae un cuajarón de mierda gris
sobre el blanco cuaderno en el que escribo,
y algo, como una risa divertida que se esconde, lo delata.

Afuera no queda /Silencio.
ni una voz humana /Ya sobramos
ni unos pasos cercanos /todos
rompiendo sombras /los mortales.
sesgando el aire. /Sobrevivimos los pájaros.

XVII

SOLO LA PIEDRA

En el lugar que habito, solo el desgarro
y las piedras son la advocación
y el pan nuestro de cada día.

Es la contramina, el grito, la montaña, el socavón, la cueva.
El oro de los locos, la peña de la ermita,
la mina a cielo abierto,
boca insaciable del hambre de los muertos;
el barreno lastimoso y sonoro convidando a la tierra,
materia lastimada que volverá más tarde a construirse
sobre la propia carne del promontorio.

Y es el hambre y el miedo y la familia.

Es la muerte, el rosal que se sostiene
por vicio de orfandad sobre la tierra.
Y es la piedra.
La piedra siempre.
Porque solo la Piedra permanece.

XVIII

PAUTA

... Y entender de la vida secreta de los árboles.

Traducir en palabras sus silencios,
acurrucarse sensual entre sus ramas
y dejar que las hojas te besen la mirada,
asistir a la danza de la luz,
ser la imposible trashumancia de la piedra,
la mano que aprende a acariciar la áspera
apariencia de la roca.
El huérfano latido que descifra el quejido de la veta...

Hay partituras escritas en la austera simpleza de la laja
que solo pueden ser interpretadas por la madera rota
y caduca, astillada y venerada del árbol carcomido,
y por la piel imborrable de la piedra.

Poemas, textos, estrofas musicales.
Adagio, *allegros*, vocablos, arpegios, pentagramas,
iniciales desde las que, con un resto de ingenio primitivo,
alguien podría crear una estación Vivaldi
revolucionaria y nueva.

XIX

CERO INFINITO

Hoy partimos de cero. De menos uno, más el infinito cero
de las cosas. Yo nunca fui de cifras ni de números;
quizás por eso no entiendo lo que digo,
pero algo me dice que nacimos del fuego,
que en el origen de todo no estuvo un hombre.

Fue un cero elevado al infinito,
la cifra decimal del alfabeto mudo,
una estación ignota, el pensamiento triangular
de un dios pagano.

Más tarde llegó otro Dios que fue quien dijo,
al tiempo de despertar, medio dormido: ¡Hágase!

Y la idea tomó formas, se fundió al esqueleto del árbol.
El diseño y la voz ya estaban realizadas.
También los hombres, los otros animales,
las piedras y los ríos. Ya todo estaba hecho.

La mujer se creó entre un complot de verso y estructura
cuando, moviendo arena menuda de la playa
y creando las líneas de las letras, un pájaro cantó
con una voz de grieta y un quejido:

¡Hágase lo que se le olvidó hacer a Dios!
Se hizo la mujer y escribió entre nosotros.

XX

INICIALES

Lo escribí sobre la dermis rugosa del árbol: L. A.
Y más abajo puse las iniciales de tu nombre: A. L.,
y una flecha atravesando un corazón
de líneas temblorosas y sangrantes.

¿Crees que alguien nos habrá descubierto usando ese lenguaje?
¿Que han adivinado los nombres que se ocultan tras las letras?
¿Que quizás somos sospechosos de habernos amado alguna vez
sobre esa corteza de árbol que nunca manó sangre?

XXI

POR ESO INSISTO

No lo sabremos nunca,
amparados como estamos bajo nuestros emblemas,
insistiendo en ser los dueños de las moscas,
poseídos por el orgullo de la plebe.

No sabremos nunca qué seremos.
Pero sabemos que no perdurará nuestro recuerdo
más tiempo del que permanezca escrito
en la corteza de un árbol del más pequeño bosque
ignorado por los hombres de la tribu.

Si salvamos el árbol
salvaremos la huella de los hombres, su mensaje.

Por eso escribo sobre la piedra.
Porque no creo en el hombre.

XXII

MADERA ROTA

No escucho la música. La veo. Es triste.
Leo el dolor sobre el pentagrama de la muerte
y respondo a las preguntas que llegan con el viento
que nadie me ha hecho nunca, todavía.

No quiero olvidar que el escrúpulo llegará después,
cuando el oficio que resume la sangre cuajada
del Cristo que nos mira desde la madera rota de la cruz
se pregunte por qué lo hemos abandonado.

XXIII

... Y SE HIZO LA PIEDRA

Os presento a mis amistades.
No sé cómo se llaman, pero me han sido fieles hasta ahora.
Yo las llamo como me sale la voz de la garganta,
de la mano un poema, como cuando de tanta impaciencia
me rebelo y grito hasta romper la piedra.

El proceso de descomposición de la roca
es como dividir la palabra en sílabas, en léxicos, acentos,
semántica, sintaxis, letras, puntos, comas. Suspensivas.

Gritos.

Desmenuzar la gramática, descomponer su materia,
será como romper la piedra, hacerla grano, tierra,
volver al polvo, al arañazo en la pared,
al rugido en la caverna.

¡Hágase Dios!
Y se hizo la Piedra.

.-.

XXIV

UNA CASA

A veces cierro la nostalgia cuando apenas acabo de evocarla,
aunque ya es tarde para evitar que duela.

Igual que si al llegar a un pueblo descubro su paisaje
yermo y devastado, como si acabara de ocurrir una tragedia.
Y en medio de ese páramo sin color y sin vida
hay una casa siempre con las puertas abiertas,
sin abismos, sin miedo, sin mensaje,
y no me reconozco entrando dentro de ella.

Pero entro en esa casa sin riesgo y sin fisuras,
sin vigas de madera, sin sombra en las paredes,
sin recuerdos escritos, sin telarañas viejas;
sus moradores se asoman al ruido del letargo,
ocultan sus miedos tras la sábana sucia de limpiar soledades
y miran desconfiados el silencio que rompe la pared
y la atraviesa.

Cierro la puerta entonces con sigilo, igual que cierro el libro,
de forma maquinal, sin precaución de señalar la página
por donde volver a abrirlo en un paraje extraño,
cuando hagan su ronda los desoladores años
por los duros caminos de las piedras.

XXV

PADRE, PIEDRA, PEDRO

Quiero aprender de la piedra a gestionar la soledad.
A aprender cómo se sale indemne del contagio de la piel,
del roce de los labios. Quiero aprender de la piedra
a ser el arma de David, el talismán de Moisés,
el sello incorrupto de la sepultura.

Quiero aprender a ser Piedra, Pedro, Padre.
A ser destello, hueso, arquitectura del alma,
utensilio de ataque y de defensa,
cincel con el que perfilar la mañana sin herirte nunca.

Quiero ser Piedra, Padre, Pedro.

XXVI

EL CORAZÓN DEL AGUA

Algún día sabré, sin tener conciencia de saberlo,
la longitud exacta de los días,
la profundidad categórica del tiempo,
el valor horizontal de los relojes,
y no sabré qué hacer con todo aquello.

Nadie aún,
ningún ingeniero de puertos, caminos y canales
ha sabido medir fuera del tiempo la distancia que hay
entre los pies del puente y el corazón del agua.

Mas yo sabré algún día cómo late la piedra,
en qué momento confiará a mi corazón su pálpito
y su miedo.

XXVII

QUIZÁS ME DÉ LA RISA

Extrañas, indiferentes y atrevidas
están ahí, a mis pies, vencidas pero triunfantes,
ofreciéndome el daño y la disculpa,
las piedras con las que tropiezo de continuo.

Mantengo mi paso meditado y minucioso;
voy pensando en mis cosas, abstraída,
voy cayendo tan solo en el recuerdo
de un tiempo de silencio nocivo e insistente.

Me voy diciendo
que lo primero que haré cuando te vea
será lo que me mande hacer el alma.
Quizás me quede mirándote muy seria
o acaso finja que no te veo bien y no te reconozco.
Quizás te acerque los labios a la cara y te ponga
dos besos al modo de Sabina, uno por mejilla,
o te tienda la mano o te abrace los hombros,
o me tiemble la voz y me sonroje y no comprendas nada.
Quizás me dé la vuelta
y me vaya corriendo, igual que haría un loco.

Quizás me dé la risa. Pero, sinceramente,
no sé qué es lo que haré cuando te vea.

XXVIII

COMO MANDE EL TIEMPO

Oh, Piedra, amada y tan herida,
tan dolor y tan muerte avecinada,
tan dolorosamente quieta y agotada,
tan temida y tan fuerte, tan querida,

que apenas si te tengo por muerte enamorada.
Te acunas en mis brazos y te me desvaneces
como si hubiese hundido en tu costado
la daga del amor, pues que me quejo

no merecer morir de piedra, sí de beso.
Pues que pareciendo piedra eres el viento
que aplaca mi tempestad algunas veces,

y me arriesgo a no morir como se te apetece.
Ni de duelo de amor ni apedreada.
Sí de nota de una sola canción, de un solo verso.

XXIX

... Y SIEMPRE VIENES

Tan lentamente llegas, tan cansada,
que me apeno de tus fuerzas agotadas
y te reclamo quieta en mi costado
para unir tu agonía a mi tristeza,
al afán de mantenerte quieta, erguida,
sin herir el corazón, que es el que siente
tanto el dolor, la ira almacenada
en la Piedra de cal, estalactita humilde,
abrumadora espina desde el techo
hasta el centro del pecho, tan amado.

(Tan letalmente llegas, tan mortal,
tan piedra advenediza, que no quiero hacerte
sitio entre mis brazos cuando te veo llegar.

Y siempre vienes).

XXX

CENIZA

Ayer embozó una tormenta
y hoy ha escondido el cuadro
de elementos que adornan la acuarela.

Amanece la tierra bajo un sombrío rebujo de lluvia y niebla,
que a veces se retrata con solo dos rotundas pinceladas,
y otras, cuesta toda la vida envejecerla.

A la tierra se le oscurece esta jornada breve, pero intensa,
que lleva entre brochazos de tinta malva
con un cielo lánguido, tristón y pesimista,

como el cadáver que cambió el color rosado de su piel
por el blanco apagado de vetas sin pulir,
por el frío y blanco estaño gris de las tormentas.

XXXI

PRECIO

Voy a ponerle precio a las piedras,
a cobrarles las horas extras que me deben.
Las voy a corromper,
a hacerlas trizas, añicos,
caparazón para la lluvia,
niebla, sombra, idea transparente.
Efervescencia. Espuma, filtro de aire.
Arena sencilla y pura.
Nada que se parezca a lo que duele.

XXXII

MAGIA CANARIA

Podría describir a quien no conozco
solo porque lo creo. Lo dibujo, le adjudico una voz,
le delego una gracia, un carácter, organizo su jornada,
le contagio un amor, pongo música a su sueño,
dibujo su camino, alumbro lo que tiene que pensar,
le saco las entradas para la sesión de cine matinal
de los domingos.

Uso un poco de magia.
Nunca pierdo sus pies sobre la confusión del laberinto.

Luego le doy su nombre y le adivino algunos acertijos,
elimino lo que le causa miedo y lo que lo destruye.
Le digo que lo amo y lo convierto en piedra o humo.
En mineral dócil y penetrable.
En Niebla. En Roca Niña. En Roque Nublo.

XXXIII

MELANCOLÍA

No sé en qué lugar del mundo te escondías,
en qué rincón de la sala te hacías hueco
entre los cachivaches viejos de la abuela;
qué dolor, entre todos los dolores, te habitaba.

Pero estabas allí y te sentía latiendo
bajo el pulso constante de la mirada hueca,
definición del marco que ocupaba tu sombra
y tu esqueleto.
Eras azul desde la noche al día, transparente,
virtual, aire celeste entre los recovecos
de la vajilla hermosa de tazas y platillos
para el café que nadie te pedía,
y las sillas desnudas a las que nadie iba para sentarse.

No sé qué hacías allí, pero te busco aún en los escombros
de una memoria herida que quiere recomponer la porcelana
astillada del recuerdo.
En ese viejo retazo de la melancolía.

XXXIV

IDIOMA

La piedra conoce el idioma de los hombres
antes de que Babel pusiera sus cimientos
y antes de que el hombre supiese que lo era.
La piedra era el arma de construcción escrita
sobre la memoria antigua de la tierra.

Antes era tan solo un elemento más sobre el planeta,
un guijarro sin nombre al que los dioses no sabían
darle verbo ni forma y radicaba en emitir rugidos
que vinculaban a sus golpes y a sus gritos.

Solo el corazón supo encajarla sobre el pecho,
amoldarla a su mano, hacerle un manuscrito
y escribir sobre el tapiz de su memoria,
pintarla con dos alas braceando en el aire,
escribirle dos nombres y una flecha
y hablarle con paciencia todo el tiempo del mundo...

XXXV

PATADA

¡Ay!, Piedra,
podría justificar el hecho de arrojarte furiosa
contra el suelo, de deshacerte en astillas,
de lastimar el cielo con la furia contenida de tu fuerza
y de recomponerte y moldearte cual figura sencilla
hecha obra de arte, brutal o esbelta.

Podría justificar el hecho de dejarte mi huella señalada,
mostrarme impetuosa, hastiada de tu vida,
maldecir tu símbolo de ronco pedernal,
inmutable, endurecida y fría,
granito que desconoce el precio del dolor y su sustento.

Mientras sigues ahí, indolente, calculadora y vaga,
flema ante mi ira, mi encono y mi desprecio.

Pues solo te diré una cosa:
A mí me duele más y no me quejo.

XXXVI

PRUDENCIA

Y la Piedra callaba con prudencia
porque es más sabio quien calla
que quien tan solo ofende con respuestas.

Y juro que no sé nada más allá
de su terco silencio de metralla.
Juro que todo lo que sé lo he inventado.

Y juro que sé que todo es cierto
porque las piedras no le hablan a cualquier loco
que anda dándoles patadas por la calle.

XXXVII

CUNETAS

Las amapolas más hermosas nacen junto a las cunetas
donde se arrullan las piedras y donde duermen
por los siglos de los siglos, mientras
nacen y mueren generaciones
enteras de amapolas
por más siglos
y siglos,
y siglos
que pasen...

Allí
es donde las amapolas se mezclan con las cenizas
de los cadáveres no olvidados en las cunetas del tiempo
cuando los hombres inventaron las guerras.

XXXVIII

INMORTAL

Puedo ser inmortal según concibo la vida del guijarro
y muero cada día mirando para atrás
esperando un gesto de la piedra,
achicando y encogiendo mi tamaño
a voluntad del golpe
y a la medida del daño recibido.

Podría ser inmortal
si atravesara dos veces más el horizonte.
Pero nunca llego a él por vez primera.

XXXIX

MARTES DE ENERO

Qué hacer con este martes, me pregunto,
que no tiene ni más pena ni gloria
que la de ser un triste y frío día de enero,
como la lengua del saurio que me lamió la boca.

Yo te escribo estos versos por saberme raíz
y sentirme semilla.

Qué hacer con este martes que me aplasta como losa
al lodazal del mundo, me pregunto. Y me recuerdo
como si fuese yo quien estuviese huyendo.
Divago en mi viaje sin afán de marcharme
buscando dónde poner los pies de arcilla,
construir la mortaja que haga cuna a los sueños.

Te miro y te contemplo en el cristal,
me palpo la piel inconmovible
y te busco en el conjunto del ansia y del deseo.

Pasajera y mortal, la vida mata y duele.
Es un poco de luz y el resto es una noche de truenos
y tormentas.

XXXX

TALISMÁN

No sé cómo llamarte, Talismán. Eres la piel del aire y te me escapas.
Vas en tránsito desde la niebla al filo de la calle y su paso contrario.
No sé dónde te escondes, quiero saber que estás,
cómo me amas, porque solo te conozco cuando dudas.

Eres la matriz que se desplaza y me citas desde una lejanía
limitada que se queda a vivir entre mis venas.
Pesa mi sangre como una piedra cosida a mis entrañas,
como la tierra endurecida que ha de pisar mi muerte.

No dejes que me vaya.
Sujétame a la avidez de tu mirada
y enséñame tu cara por ver si la recuerdo.
Te seguiré observando desde la dura corteza de mis manos
hasta que la afonía de la nieve me quiebre la garganta,
hasta prender tu duda a mi sospecha
y acabar de acostarte sobre el viento que va y que viene a rachas,

hasta saber qué puedo hacer con este martes
que a cada rato es más frío y va más lento.

Julia Uceda me dijo una vez que este libro daba para dos: uno para el árbol y otro para la piedra. Pero no he sabido cómo separarlos.

Y le pedí consejo a León Felipe, que me dijo:

«Así es mi vida, piedra,
como tú. Piedra pequeña; como tú,
piedra ligera; como tú, canto que
ruedas por las calzadas y por las
veredas; como tú...».

«Empieza por hablar de las piedras.
Otro día hablarás de los árboles».

León Felipe

ÍNDICE

Este libro se terminó de editar en Granada
en enero de 2025 por

Aliarediciones

www.aliarediciones.es
info@aliarediciones.es